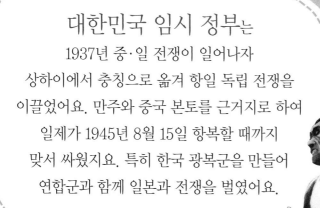

대한민국 임시 정부는
1937년 중·일 전쟁이 일어나자
상하이에서 충칭으로 옮겨 항일 독립 전쟁을
이끌었어요. 만주와 중국 본토를 근거지로 하여
일제가 1945년 8월 15일 항복할 때까지
맞서 싸웠지요. 특히 한국 광복군을 만들어
연합군과 함께 일본과 전쟁을 벌였어요.

추천 감수 **박현숙**(고대사)

고려대학교 사범대학 역사교육과를 졸업하고 동 대학원에서 문학박사 학위를 받았습니다. 현재 고려대학교 사범대학 역사교육과 교수로 재직 중이며, 백제 문화와 고대 인물사 등에 대한 활발한 연구를 계속하고 있습니다. 쓴 책으로 〈백제의 중앙과 지방〉, 〈한국사의 재조명〉 등이 있습니다.

추천 감수 **정구복**(고려사 · 조선사)

서울대학교 사범대학 역사교육과를 졸업하고 서강대학교에서 문학박사 학위를 받았습니다. 한국학중앙연구원 한국학대학원의 교수로 재직 중이며, 한국학중앙연구원 한국학대학원 원장을 역임하였습니다. 쓴 책으로 〈한국인의 역사 의식〉, 〈역주 삼국사기〉, 〈한국 중세 사학사 1, 2〉 등이 있습니다.

추천 감수 **김한종**(근현대사)

서울대학교 사범대학 역사교육과를 졸업하고 동 대학원에서 역사교육을 전공하여 문학박사 학위를 받았습니다. 현재 한국교원대학교 교수로 재직 중입니다. 쓴 책으로 〈역사 교육 과정과 교과서 연구〉, 〈역사 교육의 내용과 방법〉(공저), 〈한 · 중 · 일 3국의 근대사 인식과 역사 교육〉(공저), 〈역사 교육과 역사 인식〉(공저) 등이 있습니다.

고증 **문중양**(과학사)

서울대학교 계산통계학과를 졸업하고 동 대학원에서 이학박사 학위를 받았습니다. 쓴 책으로 〈우리 역사 과학 기행〉, 〈우리의 과학문화재〉(공저), 〈세종의 국가 경영〉(공저) 등이 있습니다.

고증 **정연식**(생활사 및 복식)

서울대학교 국사학과를 졸업하고 동 대학원에서 문학박사 학위를 받았습니다. 쓴 책으로 〈조선 시대 사람들은 어떻게 살았을까?〉(공저), 〈일상으로 본 조선 시대 이야기 1, 2〉 등이 있습니다.

글 **김육훈**

전국역사교사모임의 창립 회원이며, 2002년부터 4년 동안 회장을 지냈습니다. 대안적 교육 과정과 교과서에 대한 소망을 담아 〈살아 있는 한국사 교과서〉, 〈살아 있는 세계사 교과서〉, 〈우리 아이들에게 역사를 어떻게 가르칠 것인가〉 등을 펴내는 데 참가하였습니다. 학생들이 토론하면서 자기 생각을 만들기 바라며 〈쟁점으로 보는 한국사〉를 펴냈고, 중학교 사회1, 2, 고교 공통사회 교과서(검정) 집필에 참가하였으며, 고등학교 국사 교과서(국정) 집필에도 참가하였습니다.

그림 **황재종**

계명대학교 미술대학원에서 서양화를 전공하였고 연세대학교 해부학 교실에서 인체 해부 연구를 하였습니다. 개인전 1회를 열었고 한국 파스텔 공모전에 참가하여 대상을 수상하였습니다.

이미지 제공

연합포토, 중앙포토, 국립중앙박물관, 국립부여박물관, 국립경주박물관, 국립민속박물관, 유연태(사진작가), 허용선(사진작가)

광개토 대왕 이야기 한국사 64 일제 강점기

일본에 선전 포고를 한 임시 정부

총기획 및 발행인 박연환
발행처 (주)한국헤르만헤세
출판등록 제17-354호
연구개발원 경기도 성남시 분당구 금곡동 444-148
대표전화 (031)715-7722
팩스 (031)786-1100
본사 서울시 송파구 석촌동 7-3
대표전화 (02)470-7722
팩스 (02)470-8338
고객문의 080-715-7722
편집 임미옥, 백영만, 윤현주, 지수진, 최영란
디자인 장월영, 주문배, 김덕준, 김지은

ⓒ Korea Hermannhesse

이 책의 표지는 일반 용지보다 1.5배 이상 고가의 고급 용지인 드라이보드지를 사용해 제작하였습니다. 표지를 드라이보드지로 제작하면 습기의 영향을 덜 받기 때문에 본문 용지가 잘 울지 않고, 모양이 뒤틀리지 않아 책을 오랫동안 보존할 수 있습니다.

이 책은 기존의 석유 잉크 대신 친환경 식물성 원료인 대두유 잉크를 사용하여 인쇄하였습니다. 대두유 잉크는 선진국에서 널리 사용하고 있는 고가의 대체 잉크로, 휘발성이 적어 인쇄 상태의 보존이 용이하고, 인체에 무해할 뿐만 아니라 눈에 부담을 주지 않는 자연스러운 색을 내는 특징이 있습니다.

일본에
선전 포고를 한
임시 정부

감수 **김한종** | 글 **김육훈** | 그림 **황재종**

한국헤르만헤세

민족의 자부심을 일깨운 사람들

베를린 올림픽의 영웅, 손기정

1936년 8월 9일, 독일의 베를린에서 올림픽 마라톤이 열렸어요.

베를린 올림픽 경기장으로 이어지는 거리는 마라톤에 참가한

선수들을 박수로 맞이하는 사람들의 열기로 뜨거웠어요.

그런데 선두권을 달리는 선수들 중에 동양 청년이 있었어요.

바로 서울의 양정 고등 보통학교 학생인 손기정이었지요.

손기정은 반환점을 돌 때부터 무섭게 속도를 내기 시작했어요.

숨이 턱밑까지 차올라 당장이라도 쓰러질 것만 같았지만,

결승점이 다가온다는 생각에 더욱 힘을 냈지요.

손기정은 꼭 1등을 하고 싶었어요.

나라를 빼앗긴 조선 사람으로서 자신의 이름을

세계에 알리고 싶었거든요.

드디어 올림픽 경기장이 보였어요.

'꼭 이루겠다는 마음만 있으면 불가능한 것이란 없다!'

손기정은 이를 악 물고 마지막으로 속도를 냈어요.

함께 먼 거리를 달려온 외국 선수와 남승룡 선수가

조금씩 뒤로 처지기 시작했어요.

베를린 올림픽 경기장에는 수만 관중이 모여 있었어요.

그들의 시선을 온몸에 받으며 손기정은 결승선을 지나갔어요.

손기정은 드디어 제11회 베를린 올림픽 마라톤 우승을 차지했어요.

그것도 세계 신기록으로 말이에요.

"와아, 이번엔 동양인 선수가 우승을 했어!"

"세계 신기록을 세우다니 정말 대단한 선수야!"

우레와 같은 박수가 쏟아져 나왔어요.

가슴에 일장기를 달았지만 나는 조선의 손기정이야.

손기정이 올림픽 마라톤에서 우승을 했고,

남승룡도 3등으로 결승선을 들어왔다는 소식은

곧바로 전 세계에 알려졌어요.

조선의 신문들도 손기정과 남승룡의 소식을 전했어요.

사람들은 만날 때마다 두 청년에 대한 이야기꽃을 피웠어요.

두 청년은 조선의 자랑이 되었어요.

쟁쟁한 일본 마라톤 선수들을 물리치고 올림픽 출전권을

따냈으며, 올림픽에서 당당히 1위와 3위를 차지했기

때문에 기쁨은 두 배, 세 배가 되었던 거예요.

아, 내 나라 조선의
국가를 들을 수 있으면
얼마나 좋을까?

8

그러나 영광스러운 시상식에서 손기정은 환하게 웃지 못했어요.

식장에 울리는 노래는 일본 국가였고,

국기 게양대에는 일본 국기가 걸렸기 때문이에요.

"일본인 기정 손이 올림픽 마라톤에서 우승을 했다!"

손기정과 남승룡이 고개를 숙인 채 사진을 찍었어요.

이 사진은 많은 사람에게 안타까움을 느끼게 했어요.

손기정의 우승 소식을 전하던 조선의 신문도 마찬가지였어요.

조선중앙일보는 8월 13일에 '머리에는 월계관을,

가슴에는 꽃다발을'이란 제목의 기사를 실었어요.

그런데 사진 속 손기정의 모습엔 일장기가 지워져 있었어요.

직원들이 몰래 일장기를 지운 다음 신문을 찍었던 거예요.

일본 경찰은 사진에서 일장기를 지운 기자를 모두 잡아갔어요.

"사장을 바꾸고 문제를 일으킨 직원들을 다시 쓰지 않겠다면

신문을 낼 수 있게 해 주겠소!"

하지만 조선중앙일보의 사장 여운형은 이들의 요구를 거절했어요.

결국 조선중앙일보는 신문을 발행하지 못하게 되었어요.

그해 가을, 손기정은 쓸쓸하게 고국에 돌아왔어요.

그 뒤 손기정은 일본의 방해로 자유롭게 운동을 할 수 없었어요.

그러나 그는 이미 한민족의 긍지를 세계에 떨친

조선의 영웅으로 사람들의 가슴에 오래도록 남아 있었어요.

'비날론'을 개발한 이승기와 나비 박사 석주명

서슬 퍼런 일제의 억압 속에서도 손기정과 같이 과학과
문화 예술 분야에서 민족의 자긍심을 높인 사람들은 많이 있었어요.
일본의 교토에 다카쓰키 연구소란 유명한 화학 연구소가 있었어요.
이 연구소에서 이승기라는 조선인 연구원이 일본인 연구원들을
제치고 세계를 놀라게 하는 업적을 이루어 냈어요.
전라남도 담양에서 태어난 이승기는 일본의 교토 제국 대학
공업 화학과를 졸업한 뒤 합성 섬유 연구에 온 힘을 쏟았어요.
"민족의 장래는 공업에 달려 있어!"
1939년 10월, 이승기는 내로라하는 일본 학자들 앞에서
중요한 발표를 하게 되었어요.

"석회석과 석탄에서 새 실을 뽑는 데 성공했습니다. 새로운 섬유의 이름을 비날론이라 부르겠습니다."

이승기는 자신이 이끈 여러 실험의 결과를 보여 주었어요.
일본 언론은 물론 다른 나라에서도 이 소식을 중요하게 다루었어요.
나일론이란 합성 섬유에 이어 또 하나 새로운 합성 섬유의 탄생이
눈앞에 다가왔기 때문이에요.
일본은 이승기가 조선 사람인 것이 마땅치 않으면서도
교수 자리를 주고 연구 활동을 도왔어요.
조선 사람이 일본 대학에서 교수가 된 것은 이승기가 처음이었어요.

그러나 이승기의 마음속에는 늘 두고 온 고향과 조국이 있었으며,
언제든 조건만 된다면 고국으로 돌아갈 생각이었어요.
"비날론은 조선에 많은 석회석과 무연탄으로 만들 수 있어 외국에서
사들이지 않아도 된단 말이야!"
이승기는 조선에서 많이 나는 원료로
좋은 옷감을 만들고 싶었어요.
공장만 세우면 비날론 옷감을 많이
만들 수 있었거든요.
1945년 해방과 함께 이승기는
조국으로 돌아왔어요.

비날론의 연구는
조선 동포들에게
도움을 줄 거야.

편안한 삶을 버리고 조국에 돌아와 민족을 위해 일한 이승기는
진정한 과학자의 삶이 무엇인지를 잘 보여 주었어요.
한편 석주명 역시 세계가 주목한 과학자였어요.
'나비 박사'로 불리던 그는 늘 이렇게 말했어요.
"나는 조선 사람이며, 내가 하는 생물학도 조선 생물학이어야 한다."
1908년 평안남도 평양에서 태어난 그는 일본에서 동식물학을 공부하고
돌아오면서 조선의 나비에 대해 연구하기로 다짐했어요.
'조선의 나비는 마땅히 조선 사람이 연구해야 돼!'
석주명은 송도 중학교에서 교사로 일하면서 틈틈이 나비를 잡아
모았어요. 10년 넘게 조선의 구석구석을 누비며 나비를 연구했지요.

▲ 석주명

석주명은 우리나라 생물학 발전을 이룬 과학자야.

맞아. 그는 민족을 생각하는 과학자의 모범이 되었지.

그리고 각시멧노랑나비, 떠들썩팔랑나비, 무늬박이제비나비처럼
아름다운 우리말로 나비 이름도 지었어요.

1940년, 그는 〈조선산 나비류 총목록〉이란 책에 조선의 나비 255가지와
나비에 대한 그동안의 연구 결과를 실어 세계적인 명성을 얻었어요.

그는 일본이 총칼을 들이대며 창씨개명을 강요할 때도
'석주명'이란 이름을 끝까지 지킬 만큼 민족의식이 강한 학자였어요.

문화 예술 분야에서도 민족의 자부심을 일깨워 준 인물들이 있었어요.

영화에서는 나운규가 우리의 정서를 담은 '아리랑'을 만들어
한국 영화의 발전에 이바지했어요.

미술에서는 안중식이 한국 전통 회화를 발전시켰고,
고희동과 이중섭은 서양화를 대표했지요.

또 음악에서는 안익태가 조국에 대한 사랑을 담아
애국가가 들어 있는 '한국 환상곡'을 작곡하였고,
'반달', '고향 생각', '봉선화' 같은 노래가 만들어져
한민족이 더욱 단결하도록 도왔어요.

이렇게 일제의 차별과 탄압 속에서도
우리 체육인, 과학자, 문화 예술인은
뛰어난 성과를 이루어 냈답니다.

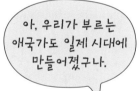

아, 우리가 부르는 애국가도 일제 시대에 만들어졌구나.

일제에 저항한 예술인의 노력은 한민족이 단결할 수 있는 힘이 되었어.

끌려간 사람들

강제 징용으로 끌려가다

"실시 기간은 엿새, 대상 인원은 220명, 매일 60명씩 잡아들인다."
우리 방침은 이러했습니다.
야마다가 한 사람을 찾아서 길로 끌고 왔습니다.
흰옷을 입은 마흔 살가량의 남자였습니다.
그 남자는 내 앞으로 오자 절을 하며 사정했습니다.
"다음에 나가게 해 주십시오. 아버님이 병환으로 누워 게십니다."
골목길 안쪽에서 오십대와 이십대로 보이는 사내 둘이 다가왔습니다.
순사가 내게 보고했습니다.
"두 사람은 부자간인데 아들이 없으면 공장을 돌릴 수 없기 때문에
아버지가 대신 나가겠답니다."
"둘 다!"
잡아들인 조선인들은 앞에 있는 호송 차에 실려 있었습니다.
히마야라가 대나무 회초리로 또 다른 사람들의 등줄기를 때려
차에 태웠습니다.
"지금 같은 비상시에 저놈들은 한가롭게 개천에서 고기를 잡고
있었습니다. 이제 이 거리에는 쓸 만한 남자가 없는 것 같은데요."
"오전 사냥은 이것으로 끝낸다. 이들을 유치장에 집어넣도록 해."

이 글은 강제 노동을 시키기 위해 조선 사람을 사로잡는 일을 했던
요시다 세이지라는 일본인이 스스로 반성하며 쓴 거예요.
요시다에 따르면 이렇게 끌고 간 사람 중 50여 만 명이 조선의 일터로,
또 70만 명 정도는 나라 밖으로 보냈다고 해요.

15

일제 시대에 많은 조선인이 공장으로 보내져 전쟁을 치르는 데
필요한 물건을 만들거나 광산으로 끌려가 힘든 일을 해야 했어요.
이들 중 많은 사람들이 굶주리며 일본인에게 얻어맞으면서
쉬지도 못하고 일을 하다 죽어 갔어요.
일제에 끌려간 것은 남자뿐만이 아니었어요.

여자들도 강제로 끌려가 일본 군인에게 짓밟혔어요.

"공부도 하고 돈도 벌 수 있게 해 준다고 해서 따라나섰다."

"일본 공장에 취직시켜 준다기에 배고픔을 면하려고 따라갔다."

"친구 집에 갔다가 돌아오는 길에 파출소 앞을 지나다가
순경에게 붙들려 그길로 위안소로 끌려갔다."

일제는 직장을 구해 주겠다고 속여 데려가거나
길거리에서 강제로 여자들을 잡아가기도 했어요.

또 일제는 조선 사람을 일본군에 강제로 집어넣기도 했어요.

처음에는 학생들 중에서 지원자를 모았어요.

지원자가 원하는 만큼 나오지 않자, 대학생과

스무 살 안팎의 젊은이를 모두 끌고 가 일본군으로 삼았어요.

일본의 지배를 받는 동안 이렇게 끌려간 이들이 약 700만 명이니

한 집에서 한 사람 이상 끌려간 셈이지요.

1945년 8월 6일, 일본의 히로시마에 원자 폭탄이 떨어졌어요.

일본이 끝까지 항복을 하지 않자 미국이 핵무기를 사용한 거예요.

도시는 잿더미가 되었고 수많은 사람이 목숨을 잃었어요.

그때 조선 사람도 수만 명이 세상을 떠났어요.

▲ 일제의 강제 징병

1930년대 일제는 학생들과 청년들을 강제로 끌고 가면서 성대한 환송회를 열었어.

그게 다 가족을 안심시키고, 젊은이를 끌어들이려는 속셈이었지.

운 좋게 살아난 사람은 자신은 물론이고 자녀들까지
치료도 할 수 없는 병에 시달리며 고통스럽게 살아야 했어요.
전쟁을 치르기 위해 조선 사람을 끌고 가 놓고는
전쟁이 끝나자 무책임하게 내팽개쳐 버린 경우도 많았어요.
일본군은 부대를 이동하는 곳마다 강제로 잡아 온 조선 여자를
'위안부'라는 이름으로 끌고 다녔어요.
그러다 전쟁이 끝나자 자신들이 한 나쁜 짓이 드러날까 봐
한꺼번에 죽이기도 했고, 군대만 물러나 여자들은 자신이
어느 나라에 있는지 모른 채 남겨지기도 했어요.
일제는 석탄을 캐라며 일본 북쪽의 사할린 섬으로 끌고 갔던
조선 사람들도 내팽개쳤어요. 너무 먼 곳에 보내진 이들은
끝내 고국으로 돌아오지 못했어요.

▲ 강제로 끌려간 일본군 위안부들

일본 군대에 끌려가
인권을 짓밟힌
여성들이야.

으으, 저런 일을
저지르다니.

동포들이 이렇게 죽음으로 내몰리는 가운데서도

어떤 사람들은 일본의 꼭두각시가 되어 나쁜 짓을 일삼았어요.

이들이 바로 친일파들이에요.

"천황 폐하의 자식됨을 영광스럽게 생각하라!"

"우리는 아름다운 웃음으로 내 아들이나 남편을

전쟁터로 보낼 각오를 가져야 한다."

그들은 이렇게 외치며 동포를 전쟁터로 보내자고 부추겼어요.

1940년대 들어 일제의 만행은 더할 수 없는 지경에 이르렀어요.

일본은 중국과 미국, 동남아시아를 침략해 전쟁을 벌이느라

더 많은 군인과 전쟁 물자가 필요했기 때문이에요.

일제는 농민들에게서 곡식을 강제로 빼앗았어요.

농민들은 피땀 흘려 농사를 짓고도 풀뿌리와 나무껍질을

먹으며 목숨을 이어 가야 했어요.

농민에게서 막무가내로 식량을 빼앗는 것도 모자라

일제는 자신들이 저지른 짓을 당연한 일로 꾸미려 했어요.

"성스러운 전쟁을 치르는 데 식량이 부족하다.

성심성의껏 식량을 모으도록 하라."

일제가 빼앗아 간 것은 식량만이 아니었어요.

전쟁이 길어지자 일본은 물자가 더욱더 부족하여

필요한 물건을 조선에서 닥치는 대로 빼앗아 간 거예요.

특히 무기를 만드는 데 필요한 쇠붙이는
눈에 띄는 대로 가져갔어요.
그들은 도시는 물론이고 산골 깊숙한 마을까지 뒤져
숟가락과 놋요강, 문고리까지 모조리 떼어 갔어요.
또 이름난 절에 있는 종도 가져가 버렸어요.

조선 사람을 황국 신민으로 만들다

일제는 수단과 방법을 가리지 않고 조선 사람을

자기들이 벌인 침략 전쟁에 내몰았어요.

그러기 위해서 조선인을 속속들이 일본인으로 만들려 했어요.

"이 땅에서 한민족을 아예 없애 버리자."

그들은 일본인과 조선인은 조상이 같다고 우기고,

우리말과 글 대신 일본 말과 글을 쓰게 했으며, 우리 역사를

배우지 못하게 했고, 한글로 된 신문은 내지 못하게 했어요.

그들은 조선 사람도 일본 국왕을 섬기는 사람이니

오직 일본 국왕의 명령에만 따르는 신민이 되라고 강요했어요.

나는 대일본 제국의 신민입니다.

나는 마음을 합해 천황 폐하께 충의를 다합니다.

나는 어려움을 참고 열심히 노력하여 강한 국민이 됩니다.

▲ 신사 참배

일제 시대 때 학생들이 신사 참배를 하는 모습이야.

신사 참배는 일제가 우리 민족의 정신을 없애려고 벌인 짓이야.

일제는 얼토당토않은 이 맹세문을 모든 조선인에게 외우게 하고,

이름까지도 일본식으로 바꾸는 창씨개명을 실시했어요.

"조선 사람도 일본 사람과 똑같은 성과 이름을 쓰도록 하라."

조선 사람들은 목숨을 내놓으며 성과 이름을 바꾸지 않았어요.

"성까지 바꿔야 하는 왜놈의 세상에서 살기 싫다!"

그러자 일제는 온갖 악랄한 방법으로 창씨개명을 밀어붙였어요.

이렇듯 한민족 전체가 고통스러워하고 있을 때,

앞장서서 일제 편을 든 사람들도 있었어요.

최남선, 이광수, 노천명 등은 글로써 전쟁터에 나가라고 부추겼고,

홍난파와 현제명 같은 음악가는 일제의 침략을 기리는 노래를 지었어요.

김은호 같은 화가들은 전쟁 기금을 마련하는 미술 전람회를 열었고,

김활란, 송금선 같은 교육자도 일제를 거들고 나섰어요.

일제 말기로 갈수록 이런 친일파

지식인은 늘어났어요.

겨레를 전쟁터로, 일제의 노예로

내몬 이들의 행위는

조국과 민족을 배신하고

독립에 대한 희망을

짓밟는 것이었지요.

광복의 그날을 준비하며

일본에 선전 포고를 한 임시 정부

1941년 12월 9일, 한 청년이 임시 정부 사무실로 뛰어들었어요.

"백범 선생님 어디 계시지요?"

"아니, 무슨 일이오? 잠깐 숨이라도 돌리고……."

사무실이 갑자기 소란스러워지자 김구가 걸어 나왔어요.

"아니, 동지가 여긴 웬일이오?"

그 청년은 전쟁에 필요한 정보를 임시 정부에 알려 주던 사람이었어요.

"선생님, 일본이 미국과 전쟁을 시작했다고 합니다."

"아니, 뭐라고? 좀 더 자세히 말해 보시오."

"일본군이 하와이 진주만에 있는 태평양 함대를 파괴하자

미국 정부가 일본과 전쟁을 시작한다고 발표했답니다."

김구는 즉시 중국 관리에게 전화를 걸었어요.

"미국과 일본이 전쟁을 한다는 게 사실입니까?"

"네, 사실입니다. 일본은 미국뿐만 아니라 동남아시아까지

전쟁을 확대하고 있습니다."

사실을 확인한 김구는 임시 정부 지도자들을 모두 모았어요.

"드디어 때가 온 듯하오."

"그렇습니다. 이제 일본과 싸우는 일만 남았습니다.
우리가 연합군의 일원으로 참전한다면 전쟁이 끝난 뒤
승전국이 되어 조국의 미래를 열 수 있을 것입니다."
일본이 미국 군대를 이기고 동남아시아에서도 거듭 승리를 거두자,
이광수는 '못 가도 앞으로 100년은 일본 세상일 것'이라고 했어요.

이광수와 비슷한 생각을 가진 사람들은 일본이 이길 수 있도록
일본 국민으로서 열심히 노력하자고 떠들어 댔어요.
그러나 김구처럼 민족의 독립을 위해 싸워 온 사람들은
이제 일본의 패배가 다가왔다고 생각하며,
일본을 물리치고 새 나라를 세울 준비를 하기로 뜻을 모았어요.
김구는 모인 사람들에게 말했어요.
"임시 정부가 연합국과 함께 일본과 싸우겠다고 발표해야 해요."
"그렇습니다. 우리도 정식으로 일본에 전쟁을 선포해야 합니다."
"좋아요. 그럼 누가 일본에 전쟁을 선포하는 글을 써 주시겠습니까?"
"조소앙 선생이 좋겠습니다."
그 자리에서 바로 조소앙이 추천되었어요.
조소앙은 임시 정부에서 외교 일을 맡았으며, 독립운동을 하면서도
해방 뒤에 세울 새 나라의 모습을 궁리하던 독립투사였어요.
조소앙은 많은 사람들의 기대에 맞춰 선전 포고문을 썼어요.
"한국의 전 인민은 이미 침략에 반대하는 싸움을 벌이고 있거니와
이제 연합군 진영에 속한 한 국가로서 침략을 저지른
일본·독일·이탈리아와 최후 승리를 거둘 때까지 싸운다."
조소앙이 선전 포고문을 읽는 동안 사람들의 가슴은
승리할 수 있다는 희망으로 부풀어 올랐어요.
임시 정부에서는 조소앙이 준비한 글을 중국 정부에 보냈어요.

또 독립을 위해 싸우겠다는 뜻을 세계 여러 나라에 알렸어요.

이제 독립을 주도적으로 이끌기 위해 필요한 것은

김원봉과 윤세주의 조선 의용대나

김구, 지청천의 한국 광복군 같은 군대였어요.

그래서 윤세주는 중국 땅을 누비며 열심히 싸우면서도

조선 청년들을 모아 독립군을 튼튼히 다지는 데에도 힘을 쏟았어요.

김구와 김원봉, 지청천 등도 중국 여러 곳에서 활동하던

조신 청년들을 모아 훌륭한 독립군으로 길러 냈어요.

조선말은 물론 일본어와 중국어까지 잘하는 독립군은

일본과 전쟁을 치르는 데 큰 역할을 했어요.

무엇보다도 독립군에게는 가장 중요한 일이 따로 있었어요.

그것은 우리 힘으로 우리 땅에 있는 일본군을 몰아내는 것이었어요.

마침, 중국에 와 있던 미국인 장교가 김구를 찾아왔어요.

"대한민국 임시 정부의 도움이 필요합니다."

"당연히 도와야지요. 함께할 수 있는 일이 무엇입니까?"

"일본과 본격적으로 싸우기 전에 조선에서

일본군에 대한 정보를 알아내고,

일본군 군사 시설을 쳐부술 조선 청년이 필요합니다."

광복군이
사용했던
증명서야.

광복군은
1940년 중국 충칭에서
일본과 싸우기 위해
만들어졌어.

▲ 광복군 증명서

"좋습니다. 그것이야말로 우리가 바라는 바입니다."

한국 광복군 가운데 수십 명이 이 일을 자원하고 나섰어요.

이들은 미국이 준 무기를 가지고 열심히 훈련을 했어요.

광복군이 한참 일본과의 전투를 준비하고 있던 1943년 11월의 어느 날,

연합군에서 중심 역할을 하던 미국과 영국, 중국 대표가

이집트의 수도인 카이로에 모여 회담을 열었어요.

회의가 끝난 뒤 세 나라의 대표들은 놀라운 내용을 발표했어요.

"우리는 조선 사람들이 오랫동안 일본의 노예와 같이

살고 있는 점을 알고 있으며, 적당한 과정을 거쳐

조선을 독립시킬 것을 약속한다."

이는 국제 사회가 조선의 독립을 약속한

것이었어요.

태평양 전쟁은 미국과 일본이 벌인 큰 싸움이야.

일본은 이 전쟁에서 미국에 지게 되지.

▲ 태평양 전쟁 당시 미군이 일본 영토에 국기를 꽂는 모습

조선 건국 준비 위원회를 구성하다

1944년 8월, 조선에 있던 여운형은 동지들을 한자리에 모았어요.

"동지들, 일본의 패배가 가까워졌습니다.

이제 우리는 일본을 몰아낸 뒤 어떤 나라를 세울지

준비해야 합니다."

"건국을 준비하자는 말씀이십니까?"

"그렇습니다. 바로 건국을 준비해야 합니다."

나라를 되찾아 이씨 왕조가 이끌던 과거로 돌아갈 수는 없었어요.

마지막 황제인 순종이 죽었고, 그 아버지인 고종도 죽었으며,

황태자였던 이은은 일본에서 군인으로 살아온 지 오래였으니까요.

그래서 새 나라를 세우는 데는 모두의 힘을 모으는 것이 중요했어요.

그러나 당시 지도자들은 여러 곳에 흩어져 있었어요.

▲ 일본 육군 대학 졸업 무렵의 영친왕 부부

영친왕 이은은 대한 제국의 마지막 황태자야.

고종의 일곱 번째 아들 11살에 일본에 끌려갔지.

이들이 저마다 자기가 있는 곳에서 싸우는 이유는 같았어요.

바로 일본을 물리치고 독립을 이루는 것이었지요.

그러는 가운데 꿈에도 그리던 독립의 날이 왔어요.

1945년 8월 15일, 일본 국왕이 무조건 항복을 발표한 거예요.

그날 김구는 중국의 시안에서 조선의 청년들을 격려하고 있었어요.

그런데 오후에 임시 정부가 있는 충칭에서 한 통의 전화가 온 거예요.

"선생님, 일본이 항복했답니다."

"뭐라고, 항복을 했다고?"

그토록 바라던 독립을 이루었지만 김구는 전혀

기쁘지만은 않았어요.

오히려 하늘이 무너지고 땅이 꺼지는

느낌을 받았어요.

1945년 7월 미군에 항복하는 일본군 장교들이야.

일본의 항복은 이로부터 한 달 뒤에 이루어지지.

▲ 미군에 항복하는 오키나와의 일본군

31

일본의 항복으로 전쟁이 끝났다는 소식이 전해지자,

중국은 나라 전체가 기쁨의 열기로 가득 찼어요.

임시 정부 안에서도 독립을 축하하는 인사가 오갔어요.

"백범 선생님, 왜놈이 물러가는데 함께 기뻐하셔야지요?"

김구는 고개를 절레절레 흔들며 이렇게 말했어요.

"아니야. 우리가 고생하며 준비한 것이 다 헛일이 되었네.

우리 손으로 나라를 해방시켜야만 온전히 내 나라가 되는데,

이제 어느 나라가 또 조선으로 들어와 주인 노릇을 할지 걱정일세."

일본이 전쟁에서 진다고 독립이 이루어지는 것은 아니었어요.

조선 사람이 스스로 일본군을 몰아내고, 조선 사람으로 이루어진 군대와

경찰이 나라의 질서를 잡게 될 때 진정한 독립을 이루는
것이었어요.

김구는 왜 독립을 기쁘게만 생각하지 않은 거야?

그건 조선의 독립이 조선인의 손으로 이룬 것이 아니었기 때문이야.

그런데 아직 준비가 충분하지 못한 상태였어요.

나라 안팎에서 독립운동을 벌이던 지도자들이 한자리에 모이지도 못하였고,

어떤 나라를 세울 것인지 의견도 모으지 못했거든요.

김구는 무엇보다도 일본군을 내보낸다며 또 다른 외국 군대가
조선으로 들어올 것을 걱정했어요.
이미 조선의 북쪽에서는 소련군이 일본군과 싸우고 있었으니
소련이 주인 노릇을 하겠다고 나설지도 몰랐어요.
또 남쪽에는 미국 군대가 들어온다는 이야기도 들렸어요.
김구의 이러한 걱정은 괜한 것이 아니었어요.
실제로 미국과 소련은 한반도에 눈독을 들이고 있었고,
국내에서, 미국에서, 만주와 충칭에서 독립운동을 하던 사람들도
서로 제각기 다른 생각을 품고 새로운 나라의 지도자가 되겠다며
나서고 있었으니까요. 우리 힘으로 나라를 해방시키지 못하고
준비가 덜 된 상태에서 독립을 맞이하자 걱정했던 대로
커다란 혼란이 일어났답니다.

▲ 돌아온 임시 정부 요인들

광복 후 한국에 돌아온 임시 정부 사람들이야.

앗, 가운데 있는 분이 김구 선생님이구나!

전쟁에 필요한 모든 걸 내놓아라!

전쟁에 눈이 먼 일본은 1938년 국가 총동원법을 만들었어요. 우리나라에서 산업, 물자는 물론이고 심지어 사람까지 전쟁에 필요한 것이면 모두 강제로 동원한다는 내용이었어요. 일본은 한반도의 모든 것을 빼앗아 가기 시작했어요.

▲ 총알받이로 끌려간 우리 젊은이들

✿ 청년들을 총알받이로

일본은 중·일 전쟁을 시작으로 아시아를 점령하기 위해 본격적인 대륙 침략을 벌여 나갔어요. 1938년 지원병 형태로 조선 청년을 전쟁에 끌어들였으나, 싸울 군인이 몹시 부족했던 일본은 급기야 1943년 학도 지원병 제도를 만들어 우리나라의 청년들을 전쟁터로 내몰았어요.
또 1944년 전쟁이 어렵게 되자 학도 지원병 제도보다 더 강력한 징병제를 실시하여 20여만 명을 전쟁터로 끌고 갔답니다. 그렇게 끌려간 우리나라 청년들은 전쟁터의 맨 앞에서 총알받이가 되었어요.

✿ 여자는 군대 위안부로, 남자는 탄광으로

일본은 12세부터 40세까지의 여자들을 강제로 끌고 가 전쟁 물자를 만들게 했어요. 그중에서도 젊은 여성들은 전쟁터로 끌려가 일본 군인들의 성 노리개가 되었어요. 그들은 수치스러움 때문에 전쟁이 끝난 뒤에도 차마 조국으로 돌아오지 못했답니다. 그런가 하면 남자들도 강제로 끌려가 탄광이나 군수 물자를 만드는 공장에서 일했어요. 제대로 먹지도 못하고 중노동을 하다 많은 사람들이 목숨을 잃고 끝내 고국으로 돌아오지 못했지요.

▲ 탄광에서 일하고 있는 조선인 징용자들

🌸 강제 배급과 강제 저축

일본은 식량과 물자가 부족해지자 우리나라 사람들에게 강제 배급을 실시했어요. 식량이나 옷감, 생활필수품 등은 아주 적은 양만 살 수 있도록 한 거예요. 배급이라는 이름 아래 최소한의 식량만을 제공해 주었어요.
그뿐만 아니라 일본은 '애국 저금'이라는 것을 만들어 목표액을 저금하도록 했어요. 사람들은 먹지 못하더라도 할당량을 채워야 했고, 그렇게 벌어들인 돈은 모두 전쟁 물자를 구입하는 데 쓰였어요.

🌸 자고 일어나면 공장이 생기다

일본은 우리 땅에 전쟁에 쓸 군수 물자를 만드는 공장을 세우기 시작했어요. 우리나라가 중국 땅과 연결되어 있어 운반이 편리했기 때문이에요. 제철 공장, 방직 공장, 시멘트 공장 등이 세워졌고, 우리나라 사람들은 강제로 끌려가 일해야 했어요.
또한 일본은 군수품을 만들기 위해 광산도 개발했어요. 그리하여 우리 땅에 묻힌 지하 자원을 마구 퍼 갔지요.

왜 설을 구정이라고 부를까?

우리나라를 식민지로 만든 일본은 민족 말살 정책의 하나로 우리 고유의 명절인 설을 없앴어요. 우리나라는 설을 음력으로 지냈는데 그 때문에 옛날의 설이라는 뜻에서 '구정'이라고 부르게 된 거예요. 그래서 음력설을 지내면 처벌까지 했어요.
광복이 된 뒤에도 우리나라는 양력 1월 1일을 설로 지냈어요. 그러다가 1990년에 이르러서야 음력설이 고유의 명절로 자리 잡게 되었답니다.

일본 편에 선 사람들

일본이 조선 사람들을 일본군에 강제로 입대시키거나 일터로 끌고 갈 때 우리나라 사람 이면서도 앞장서서 일본 편을 든 사람들이 있었어요. 이광수, 최남선 같은 문학가들은 신문이나 잡지 에 글을 실어 전쟁터에 나갈 것을 부추겼어요. 또 강연회를 열어 일본의 뜻에 따르라고 주장했지요.

❀ 이광수

"나는 지금에 와서는 이러한 신념을 갖는다. 즉 조선인은 조선인에 대한 모 든 것을 잊어야 한다고. 피와 살과 뼈까지 일본인이 되어야 한다고."
– 매일신보

❀ 김활란

"이제야 기다리고 기다리던 징병제라는 커다란 감격이 왔다. 우리는 아름다운 웃 음으로 내 아들이나 남편을 전쟁터로 보낼 각오를 다져야 한다."
– 징병제와 반도 여성의 각오

❀ 최남선

"태평양 전쟁을 의로운 전쟁, 성스러운 전쟁이라 하지 않고 무엇이라 할 것 인가. 한 사람도 빠짐없이 전쟁에 출전하기를 바라는 바이다."
– 매일신보

❀ 홍난파와 현제명

"우리는 일제의 침략 전쟁을 찬양하는 노래를 지어야 한다. 그래서 나 홍난파는 '정의의 개가'를, 현제명은 '장성의 파수'라는 노래를 작곡한다."

한눈에 보는 연표

우리나라 역사 | 세계 역사

1935

손기정, 베를린 올림픽 대회 마라톤 우승 ➡ 1936

1937 ⬅ 중·일 전쟁

한글 교육 금지 ➡ 1938

1939 ⬅ 제2차 세계 대전 일어남 (~1945)

〈광복〉

임시 정부의 독립운동 취지 및 활동 상황, 광복군의 전투 상황 등을 게재하여 항일 독립사상을 널리 알리는 역할을 했던 잡지예요.

한국 광복군 결성 ➡ **1940**
조선일보, 동아일보 폐간

1941 ⬅ 대서양 헌장 발표, 태평양 전쟁 일어남 (~1945)

조선어 학회 사건 ➡ 1942

1943 ⬅ 카이로 선언

얄타 회담

우크라이나 얄타에서 미국·영국·소련의 우두머리들이 모여 전쟁이 끝난 뒤 독일의 처리에 대해 의견을 나눈 회담이에요.

광복군 총사령부 정훈처에서 발간했어.

8·15 광복 ➡ **1945** ⬅ 얄타 회담 개최

1946 ⬅ 제1차 미·소 공동 위원회 개최

유엔 한국 임시 위원단 구성 ➡ 1947 ⬅ 마셜 플랜 발표

5·10 총선거 실시, ➡ 1948 ⬅ 세계 인권 선언
대한민국 정부 수립

왼쪽부터 처칠, 루스벨트, 스탈린이야.

▲ 대한민국 임시 정부의 주석을 지낸 김구

▲ 마셜 플랜 포스터

RICOSTRUZIONE EUROPEA
ERP E.R.P. = PACE E LAVORO